www.ingramcontent.com/pod-product-compliance
Lightning Source LLC
Chambersburg PA
CBHW070405200726
48294CB00003B/1095

رؤف خلش

شاخسانہ

چوتھا شعری مجموعہ

نام کتاب	:	شاخسانہ
صنف	:	شاعری
اشاعت	:	ڈسمبر ۲۰۰۷ء
تعداد	:	ایک ہزار
قیمت	:	ایک سو روپے (قارئین کیلئے) Rs. 100/-
		ایک سو پچیس روپے (لائبریریوں کیلئے) Rs. 125/-
پہلا شعری مجموعہ	:	"نئی رتوں کا سفر" اکتوبر ۱۹۷۹ء
دوسرا شعری مجموعہ	:	"صحرا صحرا اجنبی" ستمبر ۱۹۸۸ء
تیسرا شعری مجموعہ	:	"شاخِ زیتوں" ڈسمبر ۱۹۹۸ء
ٹائٹل ڈیزائن	:	سیّد مکرم نیاز
کمپیوٹر کمپوزنگ	:	سیّد معظم راز
کمپیوٹر سنٹر	:	جواد عبدالحئی حقانی (مومنٹم ایڈورٹائزنگ، حیدرآباد)
ناشر	:	حیدرآباد لٹریری فورم (حلف)، ادارۂ پیکر حیدرآباد
زیرِ اہتمام	:	سیّد محمود سلیم
طباعت	:	لؤلؤ گرافکس، مادّنا پیٹ، سعیدآباد، حیدرآباد۔
جزوی اعانت	:	اردو اکیڈمی آندھراپردیش، حیدرآباد۔

ملنے کے پتے:

☆ مکتبہ جامعہ لمیٹیڈ، دہلی، ممبئی، علی گڈھ ۔

☆ نصرت پبلشر، امین آباد پارک، لکھنؤ ۔

☆ شب خون کتاب گھر، پوسٹ بکس ۱۳، الہ آباد ۔ ۲۱۱۰۰۳

☆ بک ایمپوریم، سبزی باغ، پٹنہ، ۴ ۔

☆ زینت کتاب گھر، داؤد منزل، ۱۶.۸.۵۴۴، جدید ملک پیٹ، حیدرآباد ۔

☆ رؤف خلش : داؤد منزل، ۱۶.۸.۵۴۴، جدید ملک پیٹ، حیدرآباد ۔

فون : 040-24574795

سلسلہ ہے کہ اک بہانہ ہے

یہ بکھرنا ، یہ ٹوٹنا ، یہ غم

زندہ رہنے کا شاخسانہ ہے

(رؤف خلش)

اپنے عزیز دوستوں

اعتماد صدیقی (۲۰۰۲ء)

علی الدین نوید (۲۰۰۴ء)

غیاث متین (۲۰۰۷ء)

اور بزرگ دوستوں

جناب مصلح الدین سعدی (۲۰۰۳ء)

جناب صفدر حسین (۲۰۰۳ء)

کے نام

جو ہم سے ایک ایک کر کے بچھڑ گئے

ابتدائیہ

زیرِ نظر مجموعہ میرا چوتھا شعری مجموعہ ہے ۔اس کو پیش کرتے ہوئے میرے ذہن میں ایک سوال اُبھرتا ہے کہ آج کے معاشرے میں شاعری کا کیا جواز ہے ؟

میری مراد تخلیقی شاعری سے ہے جس کی اشاعت بالعموم ماہ ناموں کے ذریعہ ہوا کرتی ہے ۔اس ضمن میں ہندوستان کے تین رسالے بہت یاد آتے ہیں ۔ صبا،شب خون اور پیکر جو ایک ایک کرکے بند ہو گئے۔

ان دنوں اُردو میں جو شعر وادب تخلیق ہو رہا ہے وہ دو قسم کا ہے ۔ایک تجارتی ، دوسرا غیر تجارتی .دونوں قسموں کی ترسیل اخباروں ، رسالوں ، ریڈیو، ٹی .وی .مشاعروں اور الیکٹرانک ٹکنالوجی کے موجودہ دور میں کمپیوٹر کے ذریعہ ہو رہی ہے ۔شعر وادب کے ہر ذریعۂ ابلاغ کا معیار الگ الگ ہے ۔ناقدین کے اپنے پیمانے ہیں ،اپنے معیارات ہیں بلکہ اپنی پسند بھی ہے ۔

اس تمام صورتحال کی پروا کئے بغیر بہت کم تخلیق کار ایسے ہیں جو سنجیدگی اور دیانت داری سے ادب کی تخلیق میں مصروف ہیں ۔

ایسے میں ، مَیں یہی سوچتا ہوں کہ شعر و ادب کو پیداوار (PRODUCTION) میں ڈھالنے کے بجائے اُسے تخلیق (CREATION)

کی منزلوں کی طرف لے جایا جائے تو اپنی عافیت کے لئے بہت کافی ہے ۔

میں نہیں جانتا کہ میرا یہ شعری مجموعہ میرے اپنے نظریئے پر کہاں تک پورا اُترتا ہے ۔ اس کا فیصلہ آپ پر چھوڑتا ہوں ۔

میرے دونوں لڑکوں مکرم و معظم اور بھانجے جواد نے علی الترتیب اس کتاب کے سرِ ورق اور کمپیوٹر کمپوزنگ میں مدد کی ہے براد رِ خورد محمود سلیم نے طباعت کے تمام مراحل میں معاونت کی اور مفید مشوروں سے نوازا ۔ میں چاروں کا دل کی گہرائیوں سے ممنون ہوں اگر چہ کہ ان کی قابلِ قدر کاوشیں میرے رسمی شکریئے کی محتاج نہیں ۔

رؤف خلش   حیدرآباد دکن

۳۰ ۔ ڈسمبر ۲۰۰۴ء

ترتیب

یَا بَاقِي اَنُتَ الُبَاقِي

تیرے مظاہر زماں مکاں

تھوڑی اگر بینائی ہو تو دیکھ لے کوئی

حّدِ نظر تک چھٹکی ہوئی ہے

تیرے وجود کی کہکشاں

ڈھلتی شام، اُبھرتا سورج

تیری بیّن نشانیاں

کیسے سماعت میں گُھلتا ہے؟

حرفِ دُعا و حرفِ اذاں

بنا ہوا ہے سُرمہ میری آنکھوں کا

کعبہ کا پاکیزہ سماں

آج بھی تُو ہی بانٹ رہا ہے :

اُمّ ِ قُریٰ میں امن و اماں

مانگوں تجھی سے حرمتِ ارضی، حرمتِ جاں

پھیلا ہے ملگجی فضا میں، کیوں بارود کا تیز دھواں

دیکھ کبوتر زخموں سے ہیں لہولہاں
زخمی پروں میں شاید ابھی باقی ہے جاں

موجِ ہَوا یہ زبانِ حال سے بولے :
لَا اِلٰهَ اِلَّا اللهُ ، وَحْدَهُ لَا شَرِیکَ لَهُ،
سارے سمندر اور شجر بنیں سیاہی اور قلم
پھر بھی تری توصیف و مدحت، پاتی ہے تکمیل کہاں؟
اپنا کلام جو کہساروں پر آپ اُتارے
ہو جائیں سب خوف و رُعب سے ریگِ رواں
تری ثناء سے گونج رہا ہے :
دشتِ تمنّا، دشتِ جاں
یَا بَاقِي اَنْتَ الْبَاقِي
یَا شَافِي اَنْتَ الشَّافِي
یَا کَافِي اَنْتَ الْکَافِي !

____

(نومبر ۲۰۰۳ء)

حرا کے غار میں

وہ ہاشمی، وہ فخرِ عبدِ مُطّلب
قریشی النسب، رسولِ منتخب
وہ شاہدو مبشّرو نذیر
مقرّبوں میں سب سے محترم
جب ایک ساعتِ مبارکہ میں اُن کے آگے
اک فرشتہٴ رُسُل رجوع ہو گیا
تو ''اِقرَا بِسُمِ رَبِّکَ الَّذِی خَلَقَ'' کا چاند
حرا کے غار میں طلوع ہو گیا!
تھی کیسی بارِ معتبر کی کپکپی؟
حضور ''زَمِّلُونِی زَمِّلُونِی'' بول اُٹھے!
وہ کیسا نُور تھا؟
جو بی بی آمنہ کی گود سے نکل کے
اس اندھیری کائنات میں تجلّیاں لٹا گیا

مبلّغین و مرسلین و مصلحین کی صفوں میں

سب سے آگے چلنے والا رہنما

مُنافقین و مُنکرین و مُشرکین

سب کے منہ میں پڑ گئی ہے خاک

از ابتداء تا انتہا

وہ جامع الصفات

دے گیا ہے ایسا مسلکِ حیات

نواہی کی نفی ہوئی تو امر کو ثبات

سمجھا گیا حلال اور حرام کے تعینات

وہ رحمت اللعالمیں قرآن جس کا معجزہ

تو آؤ مدحتِ نبی کریں، محبتوں کا دم بھریں

سپردگی، دِوانگی کی وادیوں میں پھر قدم دھریں

رسولِ حق کی بات پر جئیں، مریں

''فِدَاکَ اُمّی و اَبی'' کی منزلوں کو سر کریں!

____

(نومبر ۲۰۰۵ء)

سورج اُگتا کیوں نہیں

فسردہ شام ہی سے کیوں؟

زمیں کے باسیوں میں خوب چرچا تھا

نیا سورج اُگ آئے گا

پرندوں کو نئی سمتیں عطا ہوں گیں

ہواٶں کو ـــــ

مسخر کر لیا جائے گا، لیکن

رات بھر پارہ صفت لمحے

نہ جانے کیا اکٹھا کر رہے تھے

صبح دم وہ بوڑھا سورج

جب پہاڑی سے نکل آیا

اُجالوں میں وہی تاریکیاں تھیں

پھر نئے سورج کو

دلدل میں ڈبویا جا رہا تھا!

(جنوری ۱۹۹۹ء)

چوکھٹے میں بولتی تصویر

خباثت اُس کے چہرے سے

کبھی ظاہر نہیں ہوتی

کھرچ کر پھینک دی کس نے

ہر اک جذبے سے ہے عاری

ہمیشہ مسکراہٹ ایک جیسی

سبھی کو اُس نے ''میک اپ'' کی طرح

یکسر اُتارا ہے

''تجارت'' مشغلہ اُس کا

''مروّت'' اُس کا ایک اوزار

''محبت'' کو برتتا ہے ''کرنسی'' جان کر اکثر

بہت ہی گھاگ ہے وہ اپنے پیشے میں

نظر آتا ہے کیوں مجھ کو

چوکھٹے میں بولتی تصویر

(فروری ۱۹۹۹ء)

○

تجسس کی خموشی ہوں ، ندا کر
ندائے آگہی مجھ میں جیا کر

چراغِ آرزو اکثر بُجھا کر
بہت کچھ پالیا کچھ بھی نہ پا کر

کسی نے کیوں سمندر پر بچھا کر
یہ کائنات رکھی ہے سجا کر

کئے ہیں منکشف اسرار کتنے
بس اک تخلیق کی منزل دکھا کر

قلم زادِ سفر ، قرطاس رستہ
تو عرفانِ سفر مجھ کو عطا کر

میں جیتوں بھی کہ ہاروں بھی ، ترا ہوں
مجھے کیا دیکھنا ہے آزما کر

مِری مجبوریاں مانا بہت ہیں
تری حکمت سکھائے بس دُعا کر

کہاں تک حق بجانب ہوں ، کہوں کیا
تجھی پر چھوڑتا ہوں فیصلہ کر

اسی کا سارا قضیہ ہے جہاں میں
مجھے قیدِ تمنّا سے رہا کر

ندامت کے یہی دو چار آنسو
خلش پلکوں پہ لایا ہے بچا کر

—————

(جنوری ۱۹۹۹ء)

○

نصابِ درد کے اسناد رکھنا
جب اُن کے سامنے روداد رکھنا

مسلسل کوئی شئے بھاتی نہیں ہے
خوشی کی ، غم کی ، اک معیاد رکھنا

کمی ہے اہلِ دل کی اس جہاں میں
دلوں کی بستیاں آباد رکھنا

جکڑ لیتے ہیں جسموں کو شکنجے
مگر ذہنوں کو تم آزاد رکھنا

روایت کی عمارت گر رہی ہے
نئے رجحان کی بنیاد رکھنا

حریفوں کی یہ عادت ہے پرانی
جو ہیں برباد اُنھیں برباد رکھنا

کہیں مرجھا نہ جائے شاخِ زیتوں
نظر بیروت تا بغداد رکھنا

میں کب سے ہوں شریکِ جُرم اس کا
مجھے مہنگا پڑا ہمزاد رکھنا !

بچھڑنا ہے خلش اک جبر لیکن
دعاؤں میں ہمیں بھی یاد رکھنا

———

(ستمبر ۱۹۹۹ء)

○

(نذرِ زیب غوری)

مجھے پتہ ہے کہ ہوں برف کی زمیں پر مَیں
جلائے رکھتا ہوں اک آگ اپنے اندر مَیں

وہاں سُنا تھا سمندر کی پیاس بجھتی ہے
جو لوٹ آیا تو ہوں پیاس کا سمندر مَیں

اب اتفاق ہے اک تیر بھی نہیں چھوٹا
مگر ہمیشہ رہا ہوں کماں کی زد پر مَیں

حریف کوئی نہیں تھا وہاں سب اپنے تھے
ٮ ’’ پکارتا رہا گرتے مکاں کے اندر مَیں ‘‘

سفر تمام اسی دھوپ چھاؤں میں گذرا
قدم قدم پہ رہے خواب ، خوف ، خنجر ، مَیں

یہ کیسی دھوپ کی بستی ہے بھاگئی ہے مجھے
پگھل پگھل کے بھی رہتا ہوں موم کے گھر مَیں

ہَوس نے چھین لی مجھ سے تمیز ہیروں کی
کہ گھومتا رہا جھولی میں لے کے پتھر مَیں

اُسی نے آنکھ میں بھر دی تھی تابِ دیدِ خلش
کُھلی نگاہ سے کب دیکھتا یہ منظر مَیں

————

(نومبر ١٩٩٩ء)

۱ مصرعۂ زیب غوری

◯

(نذرِ حفیظ میرٹھی)

خموشیوں میں کہیں ڈوبتی صدا بھی ہے
تمہیں خبر نہیں ، سناٹا بولتا بھی ہے

یہ سچ ہے اپنے لہو سے دیا جلا بھی ہے
دیئے کے ساتھ مگر سرپھری ہوا بھی ہے

جو اپنے پاس تھا اوروں میں کر دیا تقسیم
ہمیں پتہ نہیں گٹھری میں کچھ بچا بھی ہے

شکستہ پنکھ علامت ہے ٹوٹ جانے کی
شکستہ پنکھ میں اُڑنے کا حوصلہ بھی ہے

ہمارے ساتھ فقط آپ ہی سفر میں نہیں
'' ہمارے ساتھ مسائل کا قافلہ بھی ہے ''

رواں دواں ہے اُسے روکنا ہے کب ممکن
گذرتا وقت کسی کے لئے رکا بھی ہے

ضرورتوں سے کیا چاہتوں نے سمجھوتا
یہ واقعہ ہے مگر ایک سانحہ بھی ہے

یہ سرد و گرم تو چکھا ہے زندگی نے بہت
کچھ اور تیز خلشؔ غم کا ذائقہ بھی ہے

______

(فروری ۲۰۰۰ء)

______

۱ مصرعۂ حفیظ میرٹھی

رزم گاہ خالی ہے

کس کو کون سمجھائے
اجتہاد کا مفہوم !
مجتہد زمانے کے
اجتہاد کے دشمن
معرکے ہیں ، بحثیں ہیں
دعوٰی ہے ، دلیلیں ہیں
میسرہ میں اک ہلچل
میمنہ میں سو دھڑکے
کتنے زخم کھائے ہیں
کتنی زک اُٹھائی ہے

جنگ کا ہر اک منظر
منتظر نتیجے کا
جنگ کی ہر اک صورت
اختیار سے باہر
پھر بھی کون کہتا ہے
رزم گاہ خالی ہے

(مئی ۱۹۹۹ء)

اپنی ساٹھویں سالگرہ پر

(٤۔ جنوری ٢٠٠١ء)

عمارت کے بظاہر

خوشنما رنگوں پہ مت جاؤ

اگر چہ اس کی بنیا دیں

بہت مضبوط لگتی ہیں

مگر جب ''ساٹھ'' موسم کے

قوی بے رحم سنّاٹے

درودیوار کو چاٹا کریں ہر دم

تو اِن آبادیوں میں

شہر کا پُر شور جنگل

ایک دن اس کو

اپنی باہوں میں دبوچے گا

عمارت کو جو میرے نام سے

پہچانی جاتی ہے

ہوائیں زخم دیں گی

سانحے ''ادبار'' بخشیں گے

وہ اپنا رنگ و روغن ـــــــ

چھوڑ بیٹھے گی

بھلے ہی ریت کا وہ ڈھیر کہلائے

بس اتنا ہو :

جہاں کو یاد رہ جائے!

ـــــــــ

(جنوری ۲۰۰۱ء)

ہائی ٹیک سٹی کے نام

اُس حویلی کے دالان میں رونقیں

اپنا ڈیرہ جمائے، برسہا برس

جام آسائشوں کے لٹاتی رہیں

پھر بدلتی رُتوں نے

چند لمحوں میں

سب پرانی بہاروں کا مفہوم بدلا

ٹوٹ کر بام و در

فرش پر آ گرے

ڈیوڑھیوں میں پنپتے ہوئے

نت نئے خواب کے سلسلوں نے

کچھ نئے تازہ منظر اُگائے

اور بڑھتی ہوئی بھیڑ میں

کچھ فلک بوس ٹاور دکھائی دیئے
لمحہ لمحہ تجسّس کے اعداد
کمپیوٹروں کو سبھائی دیئے

راز پردوں سے باہر نکل آئے ہیں
ان دھندلکوں میں مانا
''پُراسراریت'' کا دھندلکا نہیں
کوئی منظر مگر ——
دیر تک رہنے والا نہیں!!

——

(دسمبر ۲۰۰۰ء)

نسلی تفاوت

(GENERATION GAP)

ہمارے بزرگوں کے آداب و انداز
جو ہم کو برسوں سکھائے گئے تھے
وہ ''موزیک'' کے فرش پر
سرخ قالین کی سلوٹوں میں
کہیں دب گئے ہیں !

تمھاری مچلتی ہوئی خواہشیں
سر اٹھا کر
تلذذ کی تازہ لغت
پھر سے ترتیب دینے میں مصروف ہیں
نرم صوفوں پہ سب گھر کے چھوٹے بڑے مل کے
''ممنوع بالغ کتابوں'' کی بے باکیاں
روزی ۔ وی پہ پڑھنے لگے ہیں

سمٹتی بکھرتی بزرگی
بدن کے عذابوں سے

چھٹکارا پانے میں کیوں
ٹوٹ جاتی ہیں اکثر

تمھارے نئے روز و شب میں
خموشی کے بدلے، نمایاں ہیں چیخیں
ہماری امیدیں ——
سفر کرتے کرتے بہت تھک گئی ہیں
سنا ہے :
تمھاری تمنّا کی شاخوں پہ
کلیاں کھلی ہیں
سنو! درمیاں اپنے، آخر یہ کیا ہے؟
تسلسل نہیں ، ٹوٹا رابطہ ہے
تفاوت ہے، اک فاصلہ ہے
ہمارا تمھارا یہی حزنیہ ہے!

————

(اکتوبر ۲۰۰۱ء)

○

میں راہ گیر نہیں ہوں سبیل ہوں شاید
مسافرت میں ترا سنگِ میل ہوں شاید

کہ اپنے آپ میں لڑتا رہوں جھگڑتا رہوں !
میں خود ہی دعویٰ ہوں، خود ہی دلیل ہوں شاید

تری بھی عادتیں اب مجھ سے ملتی جلتی ہیں
ترے مزاج میں، مَیں بھی دخیل ہوں شاید

خوشی کو بانٹنا ٹھہرے تو میں سخی ہوں بہت
غموں کو بانٹنا ہو تو بخیل ہوں شاید

مرے حریف اسی سے تو وار کرتے ہیں
میں نرم لہجوں کا اب بھی قتیل ہوں شاید

زمیں پہ مجھ کو ہی لکھا گیا ازل تا ابد
میں کائنات کا حرفِ طویل ہوں شاید

بچائے رکھا ہے گھر سازشی ہواؤں سے
میں اِن ہواؤں کے آگے فصیل ہوں شاید

خلش میں جسم کے اندر ہوں بولتا دریا
جو باہر آؤں تو خاموش جھیل ہوں شاید

―――――

(اپریل ٢٠٠١ء)

○

آندھیوں میں دیئے جلاتے ہیں
ہم روایت نئی بناتے ہیں

لوگ جو بستیاں بساتے ہیں
ساتھ ویرانیاں بھی لاتے ہیں

روح کرتی ہے ان کو پاکیزہ !
جسم تو لذّتیں اُگاتے ہیں

کوئی تعبیر جب نہیں ملتی
ہم نئے خواب ڈھونڈ لاتے ہیں

دل میں جھانکا تو بس یہی دیکھا
کچھ بگولے ہیں خاک اُڑاتے ہیں

اس زمیں کی جنھیں خبر ہی نہیں
آسماں کی خبر وہ لاتے ہیں

ق

شاید اُن سے جُڑا ہے رشتۂ جاں
کیوں جزیرے وہ یاد آتے ہیں

جو گھنی چھاؤں میں جلے ہیں اُنھیں
دھوپ کے سائباں بلاتے ہیں

ہو کے آئے بھی ہم سمندر پار
کب سفر ہم کو راس آتے ہیں

''سبز صحرا'' کے منظر اب تو خلش
ہنستے ہنستے ہمیں رُلاتے ہیں

———

(جون ۲۰۰۱ء)

○

درد پل پل دہائی دیتا ہے
تب کسی کو سنائی دیتا ہے

دل عجب ہے کہ ایک غم لے کر
عمر بھر کی کمائی دیتا ہے

روئے گی یہ صدی کہ تُو کس کو
ایک دن کی خدائی دیتا ہے

آئینے کی طرح ہیں وہ چہرے
جن میں سب کچھ دکھائی دیتا ہے

اور دیتا ہے کیا شریکِ سفر
تھوڑی سی آشنائی دیتا ہے

ڈھونڈ لیتا ہے راہ کہرے میں
جس کو جتنا سجھائی دیتا ہے

سر پہ چادر اُڑھا کے وہ مشفق
جانے کیوں بے ردائی دیتا ہے

ٹلنے والی نہیں تھی رات مگر
کچھ اُجالا دکھائی دیتا ہے

چند لمحوں کا قرب اس سے خلشؔ
ایک لمبی جدائی دیتا ہے

____

(اگست ۲۰۰۱ء)

○

مزاجِ وقت کو جانا نہیں تھا
ہَوا کے رُخ کو پہچانا نہیں تھا

سفر کی دھن بھی تھی ، دیوانگی بھی
مگر مجھ جیسا دیوانہ نہیں تھا

ہمیں سے اُس کی تھی پہچان لیکن
ہمیں کو اُس نے پہچانا نہیں تھا

حریفوں کا نیا حربہ تھا شائد
سلوک اُن کا حریفانہ نہیں تھا

بس اک لمحے میں کر گذرا سبھی کچھ
جنوں کا کوئی پیمانہ نہیں تھا

گیا تو اس طرف مُڑ کر نہ دیکھا
وہ اتنا بھی تو بیگانہ نہیں تھا

پھر آنکھوں میں وہی آنسو بھر آئے
پھر اُن باتوں کو دہرانا نہیں تھا

خلش مل بیٹھتے ، جی بھر کے روتے
کہیں بستی میں ویرانہ نہیں تھا

(ستمبر ۲۰۰۱ء)

درونِ خانہ کی نظمیں

ایک نظم

(تّھے نواسے اعظم کیلئے)

تمھارے ننھے سے پاؤں جب بھی
چلے ہیں بوڑھے سے فرش پر یوں
لگا ہے تم کو تلاش ہے
کوئی جستجو ہے
کسی خزانے کی، جو چھپا ہے
نہ جانے کن اندھی وادیوں میں

تمھاری کلکاریاں، یہ چیخیں
گُھلا ہوا احتجاج لگتی ہیں
اس جہاں کے خلاف گویا
تمھاری آنکھوں کی ——
ساری بے چینیاں سمٹ کر
پرایوں، اپنوں کو جاننے میں
لگی ہوئی ہیں

سنو تو مُنّے !

اسی لگن میں ، اسی تگ و دو میں

ہم نے عمریں گذار دی ہیں

ہے مکر و فن سے بھرا زمانہ

سجاوٹوں پر پھسل نہ جانا

ہماری طرح ————

تم اب نہ کوئی فریب کھانا !

————

(مارچ ۲۰۰۱ء)

ایک نظم

(تھّی نواسی تنزیلہ کیلئے)

تھّی منّی پیاری گڑیا!

جب بھی تیری چمکتی آنکھوں کو

ہونٹوں کی مسکان کو دیکھوں

مجھ کو ''امّاں حوّا'' سے لے کر

''آمنہ بی بی'' تک

خالق کی پاکیزہ روایت یاد آئے

روزِ ازل کی تاریخی

ایک ایک حکایت یاد آئے

جس نے عورت کو

تخلیق کا اک سرچشمہ بخشا

اپنا ہی ''ہم صفت'' بنایا

تجھ کو ''صنفِ نازک'' کے زمرے میں رکھ کر
ہم کو اپنے ہونے کا احساس دلایا

تمھی منّی پیاری گڑیا!
میری خدا سے یہی دُعا ہے
تجھ میں بنتِ رسول کی
معصوم حجابی درآئے
حضرتِ عائشہؓ کی خودداری درآئے!!

____

(فروری ۲۰۰۲ء)

ایک نظم

(ننّھے پوتے سفیان کیلئے)

ہمارے گھر میں تمھاری آمد نے

پانچ نسلوں کے سلسلے

برقرار رکھے

زمانہ گذرا ——

تمھارے اجداد، اپنے ہاتھوں

جو پاسداری، ادب، قناعت

کی ایک بنیاد رکھ گئے تھے

اب اُس پہ کیوں بے مروّتی کی

مہین پرتیں چڑھی ہوئی ہیں

مجھے یقیں ہے :

تمھاری آنکھوں کی روشنی

سارے موتیوں کو کھنگال لے گی

قرار آ سا تمھاری فطرت
سبھی تلّون مزاجیوں کو
سنبھال لے گی
مجھے یقیں ہے :
تمھاری یہ پُرسکوں طبیعت
مکاں کے اس اضطراب کو
پُرسکوں فضاؤں میں
ڈھال لے گی !

———

(اپریل ۲۰۰۲ء)

ایک نظم

(ننّھی پوتی عظمیٰ کیلئے)

جب بھی تیرا نام پکاروں : ''عظمیٰ''

معاً مجھے یہ خیال آئے

تیرے نام کے چاروں حروف

تیرے وجود کی بن جائیں پہچان

''ع'' سے عدل کی اک میزان

''ظ'' سے ظرفِ عالی

''میم'' سے ممتا ماں کی

''ی'' سے یقین خدا کا

لگتا ہے تیری روشن آنکھوں میں

تیری میٹھی باتوں میں

آنے والے زمانے کا

منظر اک خوش رنگ دکھائی دیتا ہے

خوش بختی کا اعلان سنائی دیتا ہے

تجھ پہ سایہ فگن ہو ہر دم

کھلتی بہاروں کی شادابی

میری دعاؤں کے سارے پھول

تجھ پہ نچھاور

تجھ پہ خزاں کی دھوپ نہ آئے!

____

(جنوری ۲۰۰۴ء)

بُجھنا ہے چراغوں کا مقدّر سو بُجھے ہیں
کیا رات کے بن میں کبھی سورج بھی اُگے ہیں

میدان لڑائی کا ہے ، لشکر ہے نہ ہتھیار
ہم اہلِ قلم اپنے قلم سے ہی لڑے ہیں

لٹنے کی حکایت تو اندھیروں کی سنی تھی
ہم کیسے مسافر ہیں ، اُجالوں میں لُٹے ہیں

مرجھائی ہیں بارود میں زیتون کی شاخیں
انگاروں کے سب پھول فضاٶں میں کھلے ہیں

دیکھو تو یہ مغرور ہوا کیسی چلی ہے ؟
فتنے جو اُٹھے آج تو کس ڈھب سے اُٹھے ہیں

کب کون یہاں غرق ہو یا پار اُتر جائے
سب نیل کے دریا میں بہت دور گئے ہیں

جُزدان میں سجتے ہیں اب ایمان ہمارے
سب اپنے صحیفے ہیں جو طاقوں میں رکھے ہیں

اُن چہروں پہ مانا کہ خزاں چھائی ہے لیکن
وہ چہرے بہاروں کی علامت بھی رہے ہیں

کیا ایسے بیانوں پہ بھی تعزیر لگے گی ؟
ہونٹوں سے جو نکلے ہیں نہ لفظوں مین ڈھلے ہیں

باہر کی ہَوا ہم سے چھڑاتی رہی کیا کیا ؟
ہم ہیں کہ ابھی تک تری مِٹّی سے جُڑے ہیں

اک حوصلہ ہے کیا ہے بلندی پہ پہنچنا
زینے تو بس اپنی جگہ موجود رہے ہیں

چھپتے رہو جس رنگ میں تم بھیس بدل کر
ہم قد سے تمھارے تمھیں پہچان گئے ہیں

خوابوں کی حقیقت کو خلشؔ ڈھونڈتے کیا ہو
یہ خواب تو بس خواب ہیں، آنکھوں میں بسے ہیں

(اکتوبر ۲۰۰۱ء)

بہرر نگے کہ خواہی جامہ می پوش
من اندازِ قدت را می شناسم

○

یہ سارا ماحول کب سے پت جھڑ کے خشک موسم میں ڈھل رہا ہے
وہ اک شجر لیکن اب بھی شادابیوں کا نغم البدل رہا ہے

میں لکھ رہا ہوں لہو کی تاریخ ان فضاؤں کی چادروں پر
"مرے لہو کی شہادتوں سے ہر ایک منظر بدل رہا ہے"

یہ ہم نے مانا کبھی دھندلکوں کی سرکشی میں نہ فرق آیا
مگر چراغوں کی ان لوؤں سے ہَوا کا پندار جل رہا ہے

بدلتے لمحوں کی چاپ کہیئے ، اُبھرتے خوابوں کی دھوپ کہیئے
کہ جن پہ پردے پڑے ہوئے تھے ، زمانہ وہ راز اُگل رہا ہے

خوشی کی دہلیز پر دبے پاؤں دستکیں دے گئے ہیں دُکھڑے
جو قہقہوں کو ٹٹولئے تو غموں کا پہلو نکل رہا ہے

سجا کے رنگینیوں سے مقتل ، جتا گئیں سرخیاں لہو کی
خدا کے فضل و کرم سے اہلِ جنوں کا ہر کام چل رہا ہے

اِدھر گھنے رینگتے ہیں سائے ، مسابقت پر تلے ہوئے ہیں
اُدھر اُفق پر وہ بوڑھا سورج ، بس اپنی آنکھوں کو مَل رہا ہے

بس ایک نکتے پہ غور کرنے میں ، بیت جاتی ہے عمر کتنی
کہ فیصلے کا جو وقت پوچھو ، تو وہ فقط ایک پل رہا ہے

مسافتیں ہیں کڑے سفر کی ، خلش یہ پونجی ہے اک نظر کی
تمازتوں میں ڈگر ڈگر ، آرزو کا سونا پگھل رہا ہے

(فروری ۲۰۰۲ء)

○

کام اپنا کر گئے ہیں یہاں فیل دیکھنا
آئے نہیں ابھی تک ابابیل دیکھنا

کیچڑ میں فاختاؤں کے زخمی بدن گرے
کیسا لگا لہو سے بھری جھیل دیکھنا

دُنیا پہنچ گئی ہے کہاں سے کہاں مگر
قابیل کا شکار ہے ہابیل دیکھنا

موسم بھی بے یقیں ہے، مسافر بھی بے یقیں
راہوں میں جلتی بجھتی یہ قندیل دیکھنا

جلتے دیئے کو سر پھرا، بجھنے کو حادثہ
آندھی میں اِن ہواؤں کی تاویل دیکھنا

منظر لہولہان تھا ، تم ہوش میں نہ تھے
بستی ہوئی ہے راکھ میں تبدیل دیکھنا

اِس دشتِ بے اماں میں، اِن آہوں کی بھیڑ میں
ہوتی ہیں کیا قیامتیں ، تمثیل دیکھنا

منصوبہَ بہار کا بس نام ہے خلش
منصوبہَ خزاں کی ہے تکمیل دیکھنا !!

____

(جون ۲۰۰۲ء)

چار شعر

آبادیوں پہ آج نظر کس کی پڑ گئی
بستی کو جب نکھارا سنوارا اُجڑ گئی

اتنے اُڑے کہ دور اُڑا لے گئی ہوا
اتنے تھکے کہ سانس اَنا کی اُکھڑ گئی

جینے کی رسم پہلے نباہی ترے بغیر
پھر اُس کے بعد جینے کی عادت سی پڑ گئی

کچھ لوگ تھے جو خیر سگالی کو آئے تھے
پھر کیا ہوا کہ شہر کی صورت بگڑ گئی !

(مارچ ۲۰۰۳ء)

سوال پوچھنا تو اپنے آپ ہی سے پوچھنا

تو واقعی ہمیں سے کچھ خطائیں ہو گئیں

گھاؤں میں نظر تو آئی ملگجی سی روشنی

مگر ہمیں سجھائی کچھ نہیں دیا

کہ مغربی اُفق سے بھوکے گِدھ

نکل پڑے ہیں کس کو ڈھونڈنے

قدم تلے بچھائے جا رہے ہیں کیوں؟

ملامتوں کے خاکداں!

ابھی تو اور توڑی جائیں گی

جنوں پہ یورشیں

ابھی تو اور آ گئے آئیں گے

فراستوں کے امتحاں!

سُنا ہے، تیرے منکرین

اب تری کتاب کی طرف رجوع ہو گئے

جب آگ کے الاؤ میں گذر کے دیکھنا

تو جانچنا کہ ذہن میں ہیں سردیاں کہاں

بُتوں کو توڑنا تو اُن بُتوں کو توڑنا

سجا رکھے ہیں ہم نے جو دلوں کے درمیاں

سوال پوچھنا تو اپنے آپ ہی سے پوچھنا

تعیّشات جب نگاہ میں پناہ لیں

جب آ گئی یقیں کی اپنے ساتھ تھی

تو کیوں نہ ہم کو نصرتیں عطا ہوئیں

تو کیوں جزاء کے نام پر ہمیں سزائیں دی گئیں

سوال پوچھنا تو اپنے آپ ہی سے پوچھنا!

————————

(دسمبر ۲۰۰۱ء)

نئے سال کی نذر

دیکھنا، بچھڑے ہوئے سال سے اب تک

شیلف پر رکھے ہیں قرینے سے

نئے سال کے رنگیں تحفے

احباب کے بھیجے ہوئے تار

اور مکتوب مبارک بادی کے

آج پھر سے وہی لمحہ

وہی دن آیا ہے

وقت نے چہروں پہ مَل دی ہے

اپنے لہو کی سرخی

اب کے سقّاک ہَوا کیسی چلی؟

سارے سسکتے منظر

سرخیاں بن گئے اخباروں کی

کون پڑھتا ہے مگر؟

خون کی داستاں
ملگجی رنگ میں
پھیلا دی گئی سڑکوں پر
آنکھیں : خوابوں کو کھرچتی ہوئی زخمی زخمی
جسم : موسم کی سیہ کاری میں آلودہ

شیلف کے خانوں میں
کس طرح سجالیں ان کو
ایسا لگتا ہے گیا سال
دے گیا ہے کئی ''خوں رنگ تحائف'' ہم کو!

ـــــــــــــــــ

(جنوری ۲۰۰۲ء)

رام جی رونے لگے

سادھوؤں، سنتوں کی بیٹھک میں تھا چرچا کا وشئے

کیا وہ کوئی دھرم یدھ تھا، دھرم سنکٹ تھا، یا کیا تھا؟

دکھ بھری بانی سُنائی دی:

دھرم سنکٹ تھا، نہ کوئی دھرم یدھ تھا

پریم شکشا کا اُچارن ہو رہا تھا

راج نیتی جا کے ٹکرائی

پھر کرودھ اگنی میں کتنے دیش واسی جل مرے

پریم گاتھاؤں کی کتنی پستکیں جلنے لگیں

نیائے انیائے کی باتیں ماننے والے

’’پاپ‘‘ کی گٹھری کو لے کر

’’پُن‘‘ کا اُپہار سمجھے

رام جی کے دوار پہنچے تو وہی بانی سنائی دی:

سب ٹھیر ڈھا، ساری بھگتی رہنے دو اپنی جگہ

یہ چڑھاوے کی تو سامگری نہیں ہے

آگ کی لپٹوں میں ''تانڈو ناچ'' جاری ہے

شانتی کو بھنگ کر کے

آج میرے دوار کیوں آئے ہو، جاؤ

پریم شلشا کے سبھی پنّے

اُسی اگنی میں جلتے جا رہے ہیں

جاؤ! پھر اک چاہ میں ڈوبے ہوئے ہردے سے

''پریم اُپٹیا سوں'' کی تم رچنا کرو

من ہے ساگر ایسا،

جس کی ''سیما ریکھا'' ہی نہیں

موہ لو من کو، اسی میں ڈھونڈ لو مکتی

پھر اس کے بعد میرے پاس آنا

اتنا کہہ کر رام جی رونے لگے !!

─────────

(مارچ ۲۰۰۲ء)

بُرا نہ مانو تو سچ کہوں مَیں

(اپنی نظم ''رام جی رونے لگے'' کو شدھ ہندی میں کہنے کے بارے میں)

بس اتنا مَیں نے کیا تھا :

اپنے وجود کی رنجشیں سمیٹے

جہانِ معنٰی کو خلق کر کے

کچھ ایسے کردار،

اپنی تمثیل کو دیئے تھے

کہ جن کو محسوس کر لیا تھا

لہو کی گردش میں سانس لیتے

کچھ ایسے کردار، جو کہ میرے

مشاہدے ہی کا جُز بنے تھے

بس اس قدر ہی تو میں نے سوچا

کہ اب اُنہی کے دماغ سے مَیں

اُنہی کی ایک ایک بات سوچوں

اُنہی کے لہجوں کے درمیاں اب

اُنہی کے منہ میں،

اُنہی کی بھاشا اُنڈیل دوں مَیں

اُنہی کی جلتی سمسّیاؤں کا حل بجھاؤں

مگر تمہارا تو یہ تاثر ہے :

میں نے تم سب سے جھوٹ بولا

بُرا نہ مانو تو سچ کہوں مَیں

کبھی کبھی تلخ و ترش سچائیوں کو

لہجہ بدل کے بولو تو

جھوٹ لگتی ہیں

ہم سبھی کو !!

____

(مارچ ۲۰۰۲ء)

تین شعر

کہا کس نے پذیرائی نہیں ہے
بس اک دل صبر کا عادی نہیں ہے

اہم ہوتی ہیں کتنی داستانیں
مگر تاریخ سب لکھتی نہیں ہے

جسے آتا ہے آنکھوں سے سنانا
زباں کی اُس کو حاجت ہی نہیں ہے

(مارچ ۲۰۰۳ء)

○

(نذرِ نورمحمد نوراکیلوی)

جو ہم خوابوں کی ، غم کی ، نقدِ جاں کی بات کرتے ہیں
سجائے اپنے دل میں ، کہکشاں کی بات کرتے ہیں

اِدھر ہم ہیں کہ جلتی دھوپ کو بھی اوڑھ رکھا ہے
اُدھر وہ چھاؤں میں بھی سائباں کی بات کرتے ہیں

اُنھیں خوشبو کو پھیلانے کا فن آتا ہے راہوں میں
جو یادوں کے مہکتے کارواں کی بات کرتے ہیں

مسلسل اِس جہاں کی بات کرکے تھک گئے ہم لوگ
چلو آؤ کسی دن اُس جہاں کی بات کرتے ہیں

کبھی وہ آنکھ بھر آئے ، وہ پتھر ہی پگھل جائے
یقیں کی بُرت میں شائد ہم گماں کی بات کرتے ہیں

چراغوں کی لویں ، جھونکے ہَوا کے ، درد کی موجیں
یہ سارے سلسلے اک امتحاں کی بات کرتے ہیں

جڑیں پیوست دھرتی میں ، خلاؤں میں دماغ اُن کے
؟؏ ''کہاں رہتے ہیں دیوانے ، کہاں کی بات کرتے ہیں''

جو کہتے ہیں خلش اپنوں کا اپنوں سے بھی رشتہ تھا
تو لگتا ہے پرانی داستاں کی بات کرتے ہیں

(اگست ٢٠٠٣ء)

؏ مصرعۂ نور محمد نورا کیلوی

◯

کھلے کھلے سے درِیچے مکان میں رکھنا
مہکتی بیل چنبیلی کی ، لان میں رکھنا

کبھی جو خواب کی تعبیر ڈھونڈنے نکلو
زمیں سے اُٹھنا ، قدم آسمان میں رکھنا

شگفتگی تو بہت ہے بہار کی رُت میں
بدل بھی جاتے ہیں موسم، یہ دھیان میں رکھنا

بجھی سی راہگذر ، ملگجے دھوئیں کا سفر
بس آگے بڑھنے کی دُھن جسم و جان میں رکھنا

سماعتوں نے تو کڑواہٹیں چکھی ہیں بہت
مٹھاس گھول کر اپنی زبان میں رکھنا

پرند ہو گئے پچھلی اڑان میں زخمی !
دوبارہ حوصلہ اگلی اڑان میں رکھنا !

ہمیشہ چھاؤں میں رہنے کی عادت اچّھی نہیں
کہ تھوڑی دھوپ سہی ، سائبان میں رکھنا

قدم قدم پہ خلش معرکے غضب کے تھے
میں بھول ہی گیا تلوار میان میں رکھنا

———

(اکتوبر ۲۰۰۳ء)

○

بڑھا کے زخم کبھی ، زخم کو رفو کر کے
میں کھل گیا ہوں ترا ذکر کو بہ کو کر کے

سمیٹنے کی ہَوس ہے ، سمیٹ کر لے جا
فقیر کیا کرے دُنیا کی آرزو کر کے

کہیں ہجوم میں تنہائی مل گئی تھی مجھے
میں رو دیا تری یادوں سے گفتگو کر کے

مسافرت میں کڑی دھوپ کام آتی ہے
یہ تجربہ ہوا سایوں کی جستجو کر کے

یہ کیسا شہر میں خطرے کا سائرن گونجا
یہ کس نے رکھ دیا خوابوں کو پھر لہو کر کے

اسیر کرلیا میرے وجود نے کب سے
تمھارے غم کے سمندر کو آبجو کر کے

اچانک ایسا ہو ، مجھ کو کبھی وہ مل جائے
ملاؤں آنکھ کبھی اُس کو روبرو کر کے

خلشؔ لوؤں نے ہَوا کی نہ ایک چلنے دی
" ہَوا دُکھی ہے چراغوں کی آبرو کر کے "

———

(اکتوبر ۲۰۰۳ء)

سہ سطری نظمیں

(۱)

آتے جاتے رہتے ہیں

اُن سے آس مت رکھنا

وہ ہَوا کے جھونکے ہیں

(۲)

خواب ہوں یا تعبیریں

اپنے بس میں ہے اتنا

صرف دیکھتے رہنا

(۳)

جسم و جاں پہ چھایا ہے

میں بیاں کروں کیسے؟

غم دھواں دھواں سا ہے

(۴)

شہر ہے سیانوں کا

پُر ہَوا یہ کہتی ہے

پاگلوں کی بستی ہے

(۵)

خواب کے دھندلکے ہیں

وادیوں میں نیندوں کی

داستاں ہے آنکھوں کی

(۶)

لفظ جو لغت میں ہیں

گفتگو کے ہیں پیکر

جذبوں سے نہیں بڑھ کر

(۷)

کمایا بھی گنوایا بھی

سفر کے تجربے پائے

سمندر پار ہو آئے

(۸)

زبیر و بانی و علوی

ہوئے جب شعر میں گویا

علی بن متقی رویا

(۹)

روز کا تماشا ہے

روتی ہے زمیں جب بھی

آسمان ہنستا ہے

(۱۰)

معرکہ یوں حریفوں میں چلتا رہا
کرلئے لاکھ سرکش ہَوا نے جتن
اک دیا راہ میں پھر بھی جلتا رہا

(۱۱)

اَن کہی دل میں کچھ مرادیں ہیں
چھپتی رہتی ہیں کرچیاں بن کر
کتنی ''تازہ'' پُرانی یادیں ہیں

(۱۲)

سلسلہ ہے کہ اک بہانہ ہے
یہ بکھرنا ، یہ ٹوٹنا ، یہ غم
زندہ رہنے کا شاخسانہ ہے

―――――

(مئی ۲۰۰۰ء)

○

(نذرِ طالب خوند میری)

اُبلتے تیل کے چشموں سے جب صحرا بدلتا ہے
سلگتی ریت کا منظر بھی تب کتنا بدلتا ہے

جو ہم لفظوں کو پہناتے ہیں کچھ معنوں کی پوشاکیں
نئے مفہوم کُھلتے ہیں ، لب و لہجہ بدلتا ہے

یہ ساحل تشنگی کا ہے یہاں یورش ہے پیاسوں کی
" نہ جانے کیوں یہ دریا راستہ اپنا بدلتا ہے "

کہیں خاموش چیخیں ہیں ، کہیں پُرشور تنہائی
تضادوں کا ہجوم اس شہر کا نقشہ بدلتا ہے

زمانے کا مزاج ، آدابِ غم ، تیور نگاہوں کے
ہَوا کا رُخ بدل جائے تو پھر کیا کیا بدلتا ہے

پُرانے خواب اب لوگوں کی آنکھوں میں نہیں بستے
بدلتے روپ میں خوابوں کا پیمانہ بدلتا ہے

کتابِ چہرہ پڑھ کر دھیرے دھیرے یہ کُھلا ہم پر
تھا چہرہ دل کا آئینہ ، وہ آئینہ بدلتا ہے

گھنے پیڑ آنگنوں میں سوکھے پتّے بن کے گرتے ہیں
جب آندھی میں خلشؔ رجحان موسم کا بدلتا ہے

____

(جولائی ۲۰۰۴ء)

____

۱ مصرعہٴ طالب خوند میری

○

کہیں دستک پہ دستک دے رہا ہے بار ہا کوئی
ہَوا کب سے سناتی جا رہی ہے مرثیہ کوئی

سماعت کے جو دروازے مقفل کر گیا کوئی
تبھی سے رُک گیا شاید ندا کا سلسلہ کوئی

نہ جانے کیا ہوا؟ اپنا ہی چہرہ بھول بیٹھا ہے
دکھا دے سامنے لا کر اُسی کو آئینہ کوئی

بچھڑتے موسموں کے چاند اُس کی آنکھ میں گم ہیں
بدلتے منظروں کا لے رہا ہے جائزہ کوئی

نشاں قدموں کے پڑتے اور سنگِ میل بن جاتے
سفر سے لوٹ آنے کا نہ دیتا مشورہ کوئی

بکھرنا ، ٹوٹنا اور ٹوٹ کر پھر سے بکھر جانا
بکھرنے ٹوٹنے کی کاش ہوتی انتہا کوئی

شکستہ سی حویلی ، تیز آندھی ، آنچ دیتی لَو
"کسی ملبے کے نیچے دب گیا جلتا دیا کوئی"

میں رونا رو چکا ہوں اپنے حصّے کا بہت پہلے
خلش اب کیا رُلا پائے گا مجھ کو سانحہ کوئی

(ستمبر ۲۰۰۴ء)

○

بچھڑے ہوؤں کی یاد منانے میں لگ گئے !!
کیوں دل ہمارے پچھلے زمانے میں لگ گئے

پت جھڑ کی رُت نہیں تھی ، وہاں انتظار تھا
کتنے برس بہار کو آنے میں لگ گئے

خوابوں کے رنگ ، عمر کی پونجی ، نظر کا سوز
سامان کیا کیا گھر کو بنانے میں لگ گئے

وہ تھے کہ ہم سے بانٹنے آئے تھے اپنے غم
ہم تھے کہ اُن کو دکھڑے سُنانے میں لگ گئے

اُن بے حسوں کے درمیاں جینا محال تھا
برسوں خلش مزاج بنانے میں لگ گئے

———

(نومبر ۲۰۰۴ء)

〇

جو کھڑکی ذہن کے اندر کھلی ہے
بجھی آنکھوں کو روشن کر گئی ہے

اندھیرے میں کرن سی پھوٹتی ہے
اُجالے کا فسوں پھیلا رہی ہے

ذرا چینخو کہ کچھ احساس جاگے
تمھاری خامشی میں بے حسی ہے

بدل دیتے ہیں ہم ہر غم کا مفہوم
ہماری شرحِ غم کچھ اور ہی ہے

دکھاتا کون میری خامیوں کو
یہاں میرے حریفوں کی کمی ہے

مقابل اور تھے لیکن لڑائی
خود اپنے آپ سے، میں نے لڑی ہے

یہ کھلتا ہی نہیں ملنے سے تیرے
کہ تُو مانوس ہے یا اجنبی ہے

لبِ دریا بھی ہے، سیرابیاں بھی
مگر کچھ تشنگی سی تشنگی ہے

جنوں کے ساتھ بھی ہے ہوشمندی
یہ اپنے طرز کی دیوانگی ہے

بہت اُس کی بلندی کا ہے چرچا
خلش بنیاد جس کی کھوکھلی ہے

(فروری ۲۰۰۵ء)

ایک نظم

(درندہ صفتی کے نام)

ارے تم نے بہت اچّھا کیا

آنے والی نسل پر احسان فرمایا

رحمِ مادر سے نکالا

نوزائیدہ کو

چیر کر ٹکڑے کئے

پھر تیل چھڑکا، آگ بھڑکائی

جراءت و مردانگی کی یہ مثال

آج تک دیکھی نہ سوچی

کچھ نہ پوچھو، یہ درندوں کی صفت

خون میں کس طرح آتی ہے؟

بات یہ ہے :

جو ضمیروں کا ''زنا'' کرتے ہیں

وہی تو، اپنے اندر کے

جنونی راکھشس کی

''کارسیوا'' میں لگے ہیں !

اعتماد صدیقی کی یاد میں

(وفات : ۱۸ جولائی ۲۰۰۲ء)

وہ ہوش مند تھا،

جنوں پسند تھا

کہ دفعتاً ——

طویل بہشتی کی دلدلوں میں گر پڑا

کہ اُس کا اعتمادِ زندگی

سنبھل سنبھل کے لڑ کھڑا گیا

وہ جانتا تھا

آگہی سے ماورا

اک اور آگہی بھی ہے

وہ جانتا تھا

دائمی ہے غم

خوشی ہے عارضی

وہ روشنی کی جستجو میں

عمر بھر رہا

مگر ابد کے اُس سفر پہ چل پڑا

تو جانے کس خلاء میں کھو گیا

مگر سب اپنے ساتھ لے گیا :

رفاقتیں ، محبتیں

رفاقتیں ———

کہ جن میں چاہتوں کا لمس تھا

محبتیں ———

کہ جن میں دوستی کا درد تھا

سب اپنے ساتھ لے گیا

اور اپنے پیچھے اک کمی کو چھوڑ کر چلا گیا !

وہ جسم و جاں کی سرحدوں سے پار ہے مگر

مرے لئے نفی نہیں ، ثبات ہے

اب اس کے ہات میں مرا ہی ہات ہے

وہ اب بھی میرے سات ہے !

———

(جولائی ۲۰۰۲ء)

زمیں کے خالق سے ایک سوال

زمیں کے خالق! سوال اُٹھتا ہے
کیوں یہ ''اسمائے کُلّہا'' کی
امانتیں سونپ دیں بشر کو
ملائکہ بدگماں تھے
انساں زمیں پہ خونریزیاں کرے گا
''خلیفۂ ارض'' پھر بھی تُو نے اُسے بنایا
کہ علم جتنا تجھے ہے، ہرگز نہیں کسی کو
تو پھر یہ غارت گری کے جبری نظام کیا ہیں
یہ خونی ہاتھوں میں خوں بھرے سرخ جام کیا ہیں
یہ زخم کیسے ہیں، داغ کیا ہے؟
ہے دور کیسی قیادتوں میں
ہے دیر کیسی قیامتوں میں
یہ کون جانے کہ سارا منظر ہی
فیصلوں کا پڑاوٴ ہوگا
یا پھر جنونی جبلّتوں کا جھکاوٴ ہوگا
زمیں کے خالق! سوال یہ ہے

(اپریل ۲۰۰۳ء)

دھند کے صحراؤں سے

پرندے زہر آلودہ فضا میں
دھند کے صحراؤں سے
ہجرت کی اُڑانیں
بکھر رہے ہیں

دوسری جانب
بہت شفاف سُوٹوں میں
تمدن کے بہی خواہ
نشاں : تہذیب و ورثے کے
دھماکوں سے اُڑاتے جا رہے ہیں

''محافظ'' کو خود اپنی ہی پڑی ہے
اب اس کے ماسوا کیا ہے؟
وہ شعلوں میں بدلتے
تیل کے چشموں کو ڈھونڈیں گے !

تم اپنے ننگے سر

مٹیالی میلی چادروں سے

ڈھانک لو

چندھیائی آنکھوں سے

ہر اک ملبے کا نظارا کرو

بقا کی ساری منطق

اک فنا کے وائرس سے

شفایابی کی

سبھی ممکن دلیلیں

کھو چکی ہے !

____

(اپریل ۲۰۰۳ء)

○

اک جنگ تھی وہ گرمئ گفتار نہیں تھی
دونوں کی اَنا مٹنے کو تیار نہیں تھی

اک آنچ کی تھی پھر بھی کسر تیکھے خطوں میں
تصویر بہت خوب تھی ، شہکار نہیں تھی

منظر ہے بڑا ہوش رُبا ، دل کو لگا تھا
پر آنکھ مِری دل کی طرفدار نہیں تھی

تعبیر کہاں تھی ، وہاں کچھ خواب اُگے تھے
وہ نیند کی وادی تھی جو بیدار نہیں تھی

دھڑکا تھا کوئی ، جس نے قدم روک لئے تھے
راہوں میں اگرچہ کوئی دیوار نہیں تھی

ٹوٹا بھی وہاں قہر تو سب شہر پہ ٹوٹا
اب بستی کی بستی تو گنہگار نہیں تھی

جلدی نہ تھی منزل پہ پہنچنے کی کسی کو
چلتے تھے سبھی ، تیزئ رفتار نہیں تھی

جس نے خلشؔ احساس کو بھی کر دیا زخمی
وہ طنز کی اک کاٹ تھی ، تلوار نہیں تھی

―――――――

(مئی ۲۰۰۵ء)

○

نہ پوچھو ان دنوں کیا ہو رہا ہے
وہ پھر یادوں میں تازہ ہو رہا ہے

یہ بے پہچان چہروں کی ہے نگری
شناسائی کا دعویٰ ہو رہا ہے

تجھے محسوس کرنے ، سوچنے میں
ہر اک لمحہ اچھوتا ہو رہا ہے

تھے جن کے نام لوحِ دل پہ کندہ
کہاں اب اُن کا چرچا ہو رہا ہے

کوئی ڈوبے ہے ، کوئی پار اُترے
سمندر بیچ رستہ ہو رہا ہے

بجی ہے آخری صورت دُعا کی
دوا سے زخم گہرا ہو رہا ہے

مزاجِ یار جیسا ہے یہ موسم
کہ سایہ دھوپ جیسا ہو رہا ہے

خلش اک شام ، سنّاٹوں کو سننا
یہ سننا شور کیسا ہو رہا ہے

(جون ۲۰۰۵ء)

○

مسافرت میں اگر راستہ ضروری ہے
تو سنگِ میل نہیں ، نقشِ پا ضروری ہے

تلاشنا ہے سیہ پوش منظروں کا وجود
اندھیری رات میں جلتا دیا ضروری ہے

میں سخت جاں سہی ، یہ دل تو پھر بھی ٹوٹ گیا
گداز دل ہے تو پھر ٹوٹنا ضروری ہے

تم ایسے چھاؤں نصیبوں کو کیا خبر اس کی
ہم ایسے دھوپ مزاجوں کو کیا ضروری ہے

بگاڑ دے نہ کہیں بے تکلفی کا چلن
کہ رسمِ و راہ میں اک فاصلہ ضروری ہے

دلوں کو جوڑنا بہتر تو ہے مگر پہلے
دلوں کے درمیاں کچھ درد سا ضروری ہے

جو سُن سکو تو بہت بولتے ہیں سنّاٹے
خموشیوں کا ہنر سیکھنا ضروری ہے

سمجھنے والوں کو دو چار لفظ کافی ہیں
طویل سلسلہ باتوں کا کیا ضروری ہے

وگرنہ ٹوٹے گا کس طرح سرپھروں کا غرور
کہ مجھ سا شہر میں اک سر پھرا ضروری ہے

حصار باندھ لیا ہے روایتوں نے خلش
اب اس حصار میں تازہ ہوا ضروری ہے

———

(جنوری ۲۰۰۶ء)

◯

بارود میں بکھر گئے بن کر دھواں سے ہم
منوا گئے وجود مگر آسماں سے ہم

کرتے ہیں ابتداء جو تری داستاں سے ہم
کہتے ہیں دل کی بات قلم کی زباں سے ہم

دونوں اَنا کی ضد میں برابر کے ہیں شریک
کچھ بدگماں سے آپ ہیں ، کچھ بدگماں سے ہم

مہنگی سہی جو بیچتا بازار میں کوئی
چاہت خرید لاتے اُسی اک دُکاں سے ہم

پھر خیریت سے آنے کی اُمید کس کو تھی
دروازے بند کر کے جو نکلے مکاں سے ہم

لمبی اندھیری رات تھی سورج کی منتظر
ایسے میں تارے توڑ کے لاتے کہاں سے ہم

وہ کیسے جان پاتے جو عادی ہیں چھاؤں کے
کیوں مطمئن ہیں دھوپ کے اس سایَباں سے ہم

اس دوستی میں ہم ہی کڑی درمیاں کی تھے
خود کو ہٹاتے کس طرح اب درمیاں سے ہم

دیوانگی ہی ایسی تھی بس پوچھتے رہے
فصلِ بہار کا پتہ فصلِ خزاں سے ہم

ہم سر پھروں کے ساتھ رہی سر پھری ہوا
جس کو خلش لپیٹے رہے جسم و جاں سے ہم

____

(مارچ ۲۰۰٦ء)

علی الدین نوید کی یاد میں

(وفات : ۲٦ فروری ۲۰۰۴ء)

''نئی صبح'' کو ڈھونڈنے تم چلے تھے
مگر شب کے پچھلے پہر کیا ہوا؟
دل کی دہلیز پر
کس کے قدموں کی آہٹ سنی
بکھرتے ہوئے خواب، پلکوں سے گر کر
شہر میں نیم روشن روایت تمھیں دے گئے

تمھاری نگاہوں نے کتنا تلاشا
مگر جیتے رہنے کا کوئی بہانہ کہاں تھا؟
نئے سورجوں کا ٹھکانہ کہاں تھا؟

وہ اک درد تھا جو
تمھارے رگ و پے میں
''حرزِ بدن'' بن گیا تھا
صدف کی حقیقت کو
تم کھوج کرتے
ریت مٹھی میں بھر کر

دھواں کر گئے اپنی جاں کا چراغ!!

حسین ساگر کی ایک شام

کب سے دیکھ رہا ہوں تنہا
چمنی کا دھواں، کہرے کی چادر
گونجتی ہے آلودہ فضا میں
چیخوں کی بے سُری شہنائی
لچکیلے جسموں کا سیال
جذبوں کی لنکا میں آگ لگاتا ہے
''بدّھا'' کا بُت
جھیل کے بیچ میں استادہ
شہر کے دکھڑے
آتی جاتی لہروں کو سناتا ہے

جڑواں شہروں کے اس پُل پر
یہ دلدار دھڑکتے منظر

کیوں نہ کروں خوابوں کے نام

سوچتا ہوں، ہر منظر سے بھر لوں

خالی آنکھیں، خالی جام

لیکن اک دلدل کے تعفن میں ہر دم

ڈوبتی جاتی ہے دھیرے دھیرے

ساگر کی یہ سہانی شام

______

(جون ۲۰۰۵ء)

کم عمر مصوّرہ کی پینٹنگس دیکھ کر

خطوط اک سلیقے سے کھینچے ہوئے
اور دھنک پھیلی گلکاریوں کی
بدن کی زباں
شوخ و مدھم سے لہجے میں
گھلتی ہوئی
وہ سیلِ رواں عکس کا
خموشی میں
کچھ بات کرنے لگا ہے

''تجاہل'' کے انداز میں بھی
''توجہ'' کے کچھ نقش اُبھرنے لگے ہیں
ذرا اُن تولوں میں
مصوّر کی تصویریں کیا مانگتی ہیں

کوئی شرحِ غم کا ہنر
یا منظر کو محسوس کرنے کی تیکھی نظر
کہ ہوتی ہے فنکار کو بھی
تمنا ستائش کی، پروا صلے کی
مگر ایسی ناقدریوں میں
ستائش، صلہ کون لائے کہاں سے؟

زمانہ تو فن پہ لگاتا ہے اک خطِ فاصل
ہے اب فن کا اظہار ہی فن کا حاصل

———

(جنوری ۲۰۰۶ء)

دونوں منظر بھی دیکھے ہیں ہم نے

(ہندوستانی اور لبنانی واقعات کے پس منظر میں)

بستی والے تو وہ بھی تھے

چاہتیں جن کے سینوں میں

دھڑکنوں کی زباں بن گئی تھیں

آبیاری امیدوں کی پل پل تھی جاری

اور گہرے گڑھے میں

''ننھے بچّے'' کی بجھتی ہوئی زندگی

پھر سے روشن ہوئی

بستی والے تو یہ بھی ہیں

جن کے وحشی دلوں میں

وائرس نفرتوں کے

گرم بارود کی گولیاں بن گئے

چہرے چپ چاپ سے تھے مگر چیختے تھے

زخم معصوم سے تھے مگر بولتے تھے

دونوں منظر بھی دیکھے ہیں ہم نے

یہ تو کھلتا نہیں ، کون کس کا طرفدار ہے

ایسے نظاروں کا ایک عالم گنہگار ہے

(جولائی ۲۰۰۶ء)

○

پھر کسی قتل کا شائبہ دیکھ کر
"لوگ ٹھہرے نہیں حادثہ دیکھ کر"

کتنا روشن تھا یہ چاند مدھم ہوا
اُن کے چہرے کا وہ دائرہ دیکھ کر

ہم نے بھی آخر اُن سے نظر پھیر لی !
اُن کی نظروں کا وہ زاویہ دیکھ کر

وہ مزاج آشنا پھر بھی سمجھا نہیں
خط کا لہجہ مرا طنزیہ دیکھ کر

میری دیوانگی کے بھی ہوش اُڑ گئے
آپ کو "صاحب حاشیہ" دیکھ کر

وقت صورت کو کتنا بدلتا رہا
آج ظاہر ہوا آئنہ دیکھ کر

ہوگئے وہ بھی بے سمتیوں کا شکار
وہ جو چلتے رہے راستہ دیکھ کر

غم میں تلخی بھی ، تندی بھی ، تُرشی بھی ہے
ہم نے اپنا لیا ذائقہ دیکھ کر

دل کے ماروں کی بنتی ہے مجھ سے خلش
درد کا درد سے رابطہ دیکھ کر

——————

(جون ۲۰۰۶ء)

○

یوں خود کو بدل دینا ، آسان اگر ہوتا
نیچی سی نظر ہوتی ، دل موم کا گھر ہوتا

پہرے نہ بٹھا دیتا ، سورج مری آنکھوں پر
نیندوں میں ہی گُم رہتا ، خوابوں میں سفر ہوتا

پھیلے ہوئے شہروں میں ، خواہش کے اُگے جنگل
چھوٹی سی تمنّا کا ، چھوٹا سا نگر ہوتا

کچھ کام کی ہوجاتیں ، اپنی بھی مناجاتیں
ہونٹوں پہ دعا ہوتی ، لہجے میں اثر ہوتا

کچھ ہاتھ نہیں لگتا ، رنگوں کے سوا مجھ کو
تتلی کے تعاقب میں ، دیوانہ اگر ہوتا

تیور تو ہواؤں کے ، ہر لمحہ وہی ہوتے
کاش اپنے بھی قابو میں ، سانسوں کا سفر ہوتا

کچھ دن تو بہار آتی ، سوکھی ہوئی شاخوں پر
خوش رنگ سے پتّوں کا ، مَیں سبز شجر ہوتا

اُن آنکھ کے اندھوں پر ، منظر سبھی کُھل جاتے
تھوڑا سا اگر اُن میں ، عرفانِ نظر ہوتا

اک بار تو لے جاتا ، یادوں میں خلش کوئی
رکھا ہوا جُزداں میں ، اک مور کا پَر ہوتا

―――――

(جون ۲۰۰۶ء)

دو بھولی ہوئی غزلیں

(۱)

کُھلی زباں سے کروں جو بھی انکشاف کروں
کھٹک رہی ہے کوئی بات صاف صاف کروں

جو سارے خواب تھے ، پتھراؤ میں ہوئے زخمی
میں پتھروں کے نگر میں ہوں ، اعتراف کروں

میں سوچتا ہوں یہ مٹّی کی خاصیت تو نہیں
کہ ساری عمر تمنّاؤں کا طواف کروں

تُو مجھ سے ملنا جو چاہے تو اپنے دل میں بُلا
میں تیرے ذہن میں کم کم ہی اعتکاف کروں

خلش کو مار ہی ڈالے نہ آگہی کا عذاب
میں کس کو مان لوں اور کس سے اختلاف کروں

———

(۱۹۹۶ء)

(۲)

پڑھنے کو تو کیا نہ کتابوں میں پڑھا تھا
پُر شہر کی دیواروں پہ کچھ اور لکھا تھا !

چُپ چاپ تھا کیوں جبر و تسلط کی فضا میں !
میں جنگ بھی کرتا تو مجھے وہ بھی روا تھا

کرنی تھی بہرحال وہاں لَو کی حفاظت
جھونکے تھے ہواؤں کے ، بھڑکتا سا دیا تھا

گویا کہ سوا نیزے پہ سورج تھا سروں پر
مَیں تھا ، مِرے ہونٹوں پہ کوئی حرفِ دعا تھا

تعبیر کو اک خواب ترستا ہے ابھی تک
وہ خواب خلش یاد بھی آیا تمھیں ، کیا تھا ؟

(۱۹۹۷ء)

کہانی نما نظمیں

(۱)

سمندر پیاس

گھر کی فکروں نے دبوچا تھا مجھے

میں چلا آیا نکل کر ''سبز صحرا'' کی طرف

اور کھجوروں کے گھنے پیڑوں کو

املی کے درختوں پر

بے جھجک ترجیح دی

وہ لمحے اب دوبارہ جی نہیں سکتا!

سوچ میں ہوں پھر ''سمندر پیاس'' کو کیسے بجھاؤں؟

(اگست ۲۰۰۶ء)

(۲)
کڑواہٹ

ماں نے کہا تھا :

میتھی کی کڑواہٹ

نمک اور ہلدی سے دور کرو

میں نے فوراً پوچھا :

امّاں ہم لوگوں میں جو برسوں کی

کڑواہٹ ہے

وہ کیسے دور کریں؟

یہ سنتے ہی ماں کا چہرہ

فق سا ہو کر رہ گیا!

———

(ستمبر ۲۰۰۶ء)

(۳)

ایک مکالمہ

’’کون ہے کمبخت اُس پیڑ پر امرود کے دیکھو

پُر اکر لے نہ جائے پھل!‘‘

’’نہیں نانی! کوئی باہر کا بچّہ تو نہیں میں

تم بڑے آرام سے سو جاؤ اب‘‘

’’ارے کمبخت! اب کیا خاک سوؤں گی؟

جاتے جاتے میری نیندیں تو

تمھارے نانا اپنے ساتھ لے کر چل دیئے!‘‘

____

(اکتوبر ۲۰۰۶ء)

(۴)

نئی بیماری

برسوں کی بیماری تھی

جوڑ جوڑ کر کتنے پیسے

میں نے اکٹھا کر ہی لئے تھے

ہاتھ میں ڈاکٹر کا نسخہ لے کر

دوا کی اُس دوکان پہ پہنچا

کسی نے میری جیب سے پیسے اُڑا لئے

اور ''نئی بیماری'' اُس میں ڈال گیا!

―――――

(نومبر ۲۰۰۶ء)

○

زمیں کا راستہ دریاؤں کے سفر سے ملا
نئے جہاں کا کولمبس نئی ڈگر سے ملا

وہ راہداری ، وہ دالان ، وہ در و دیوار
نشاں اُجڑتی حویلی کا اُس کھنڈر سے ملا

تری نظر کی چھبن نے دیئے کچوکے مگر
کچھ اور بھی تری چھبتی ہوئی نظر سے ملا

وہ بستی بھول بھلیّوں کی تھی عجب بستی
نہ جانے کس کا پتہ کس کی رہگذر سے ملا

اب اُس کے دل کو ضرورت ٹٹولنے کی نہ تھی
کہ اُس کا فیصلہ اُس کی ''اگر مگر'' سے ملا

ڈھکیلتا رہا ساحل ، سمندروں کی طرف
پناہ دی جو بھنور نے ، تو میں بھنور سے ملا

یہاں بدن ہی بدن ہیں مگر ہیں سر غائب
تجھے ملانا ہی ٹھہرا تو اپنے سر سے ملا

مکیں مکان کے کیسے تھے اس کا علم نہیں
مگر مزاج کا اندازہ بام و در سے ملا

ہَوا کے شور میں سب بھاگے جا رہے تھے خلش
جو تھا ہَوا کے مقابل ، مَیں اُس شجر سے ملا

———

(فروری ۲۰۰۷ء)

◯

(نو مولود پوتے سید عفان معظم کے انتقال پر)

اُداسی آنکھوں میں، سانسوں میں سسکیاں رکھ دیں
کہاں کہاں مرے خوابوں کی دھجّیاں رکھ دیں

گذرتے وقت نے کانٹے دیۓ یہ چبھتے سے!
چچا کے سینے میں یادوں کی کرچیاں رکھ دیں

چمن میں کیسی ہے منطق، سجانے والے کی
کبھی خزاں، کبھی پھولوں کی ڈالیاں رکھ دیں

بچھڑنے والے نے زادِ سفر بھی خوب دیا
ہمارے شانوں پہ سب غم کی گٹھریاں رکھ دیں

مجھے جو ملنے لگا بے قراریوں میں سکوں
اُٹھا کے طاق میں ساری تسلیاں رکھ دیں

پھر آج درد کے موسم نے آسمانوں میں !
کہیں جو گُھل کے نہ برسیں، وہ بدلیاں رکھ دیں

قلم کو چھوڑ کے دل کی زباں سے کام لیا
نہ جی کو بھائیں تو لکھ لکھ کے چٹھیاں رکھ دیں

طبیبِ وقت نے زخموں کا یوں علاج کیا
مرے وجود میں کڑوی دوائیاں رکھ دیں

خلشؔ زمانے سے شکوہ کروں بھی کیا، جس نے
مرے دبے ہوئے لہجے میں ہچکیاں رکھ دیں

———

(جولائی ۲۰۰۷ء)

○

دبی چوٹیں پھر سے جگا کر گئی ہیں
ہوائیں بھی کمبخت کیا کر گئی ہیں

بہت نرم لہجے میں تھیں اُس کی باتیں
کچوکے مگر کیوں لگا کر گئی ہیں

رفاقت کی یادوں کو پھر تازہ کرنے
لو تنہائیاں پھر بلا کر گئی ہیں

سدا روشنیاں کب آئی ہیں دل میں
جب آئی ہیں بس جھلملا کر گئی ہیں

دکھاتیں بھی کیا چاہتیں وہ پرانی
نئے زخم کتنے لگا کر گئی ہیں

بلائیں تو آئی تھیں اس بار لیکن
مرے حق میں کوئی دعا کر گئی ہیں

مجھے چھوڑتی کب ہیں محرومیاں بھی
مرے گھر پہ آکے صدا کر گئی ہیں

گئی ہیں اُمیدیں نئے ساحلوں پر
مگر کشتیاں سب جلا کر گئی ہیں

خلش غم کے ماروں کو ساون کی جھڑیاں
جو برسی ہیں پہروں رُلا کر گئی ہیں

———

(اگست ۲۰۰۷ء)

○

قلم چلے تو اُصولوں کا احترام ہوا
پھر ایسی جنگ چھڑی ، سب کا قتلِ عام ہوا

کچھ اس طرح سے بھی میراث ہوگئی تقسیم
خوشی تمھارے لئے ، درد میرے نام ہوا

کھسک رہی تھیں سبھی منزلیں قدم بہ قدم
یہ تجربہ بھی سفر میں ہر ایک گام ہوا

سنا ہے شہر میں عزّت مآب آئے تھے
تو کیسی دھوم مچی ، کیسا تام جھام ہوا ؟

عجب ہوس کا پرندہ تھا ، پھڑپھڑاتا تھا
میں جانتا ہوں وہ کن مشکلوں سے رام ہوا

———

(ستمبر ۲۰۰۷ء)

غیاث متین کی یاد میں

(وفات : ۲۱ اگست ۲۰۰۷ء)

اچانک روشنی کیوں بجھ گئی ہے؟

ہَوا کی دستکوں نے یہ خبر دی

پھر اک جلتا دیا اُس نے بجھایا

ابھی محسوس ہوتی ہے

اُسی بیٹھک کی گرمی

کہ یاں سے اُٹھ کے وہ باہر گیا ہے!

نہ جانے کیسے کیسے درد اُس نے پال رکھے تھے

کہ جن کی آنچ میں

لفظوں کو پگھلاتا رہا برسوں

حرائے جاں میں غم کی آیتیں

سکوں و ضبط سے پڑھتا رہا برسوں

اِدھورے خواب کے پیکر تراشے

اور جنونی مشغلے حرف و بیاں کے

عمر بھر جاری رکھے

سمندر سی نظر اُس کی

جس میں لہراتی رہی

چکاچوند آئینے کی

مسلسل سانولی پڑتی ہوئی

دھوپوں میں

اُس کا رنگ روپ

سانولا پڑتا رہا

اور پھر اک دن

زینہ زینہ رکھ کر کے

گرتی دیواروں پہ جو بیٹھا تھا

وہ زخمی پرندہ اُڑ گیا !

(اگست ۲۰۰۷ء)

انتھراکس

انتھراکس
تھی جراثیم سے پھیلی ہوئی
اک بیماری
ہاں مگر یاروں نے
معنیٰ ہی بدل ڈالے اس کے
بن گئی ہے وہ ہلاکت خیز

خوف کی لہر میں ہیجان نئے
دہشتوں میں ہے نئی اک دہشت
جنگ کی آڑ میں
حربے نئے پھیلائے ہوئے

اور وہ آدرش جو
گنبدوں، گرجا گھروں اور مٹھوں سے نکلے
اب ''کیلنڈر'' ہیں پرانے شاید

جن کو کھونٹی سے ہٹا کر
اُلجھنوں کی نئی تاریخ
گولہ بارود کے متوالوں نے چِپاں کر دی

درد اعصاب میں داخل ہوئے
تجربہ گاہ میں
گٹھری فضلات کی تیار ہوئی
منتقل کر دیا طوفاں کی ہواؤں نے جسے

ہم نئے عہد کی مخلوق ہیں
سانس لیتے ہیں بخارات میں ہم
اور پھر انفس و آفاق میں یوں
تابکاری کے یہ ذرّات گُھلے جاتے ہیں
کیسے بچنا ہے ہمیں؟
کون بچائے ہم کو؟

—————

(ستمبر ۲۰۰۷ء)

۱۔ انتھراکس : جراثیم سے پھیلنے والا مرض جو زخم یا آلودہ غذا کے
استعمال سے صحت کو متاثر کرتا ہے۔

ناسٹلجیا

کوئی منظر، کوئی چہرہ، کوئی نغمہ
کشش بن کر
میری آنکھوں کو ٹھنڈک بخش دیتا ہے
مرے کانوں میں،
تراوٹ گھول جاتا ہے
مگر یہ کیا ——؟
مرا یہ جسم
میری روح کے کانوں میں
پھونک دیتا ہے :
اچانک کوئی سرگوشی
یہ کہتا ہے :
مجھے یادوں کو تہہ کر کے
جوڑ رکھنے کی یہ عادت
کتنی پرانی ہے!

اندھیرے میں بھڑکتی ہے

حسیں یادوں کی چنگاری

تو میرے جسم و جاں

پھر جُھر جُھری لیتے ہیں

تصور میں لپٹ جاتے ہیں وہ

ایک ایک پیکر سے

کوئی منظر، کوئی چہرہ، کوئی نغمہ

چھٹی حس ——

دل کی بستی میں

انھیں آباد رکھتی ہے

پرانے ذائقے کو یہ زباں

ہمیشہ یاد رکھتی ہے!

———————

(نومبر ۲۰۰۷ء)

۱۔ ناسٹلجیا : یادوں کا کرب

ایک بھولی ہوئی نظم

جواز

وہ اپنا بُت خود ہی بنائے

اور خود ہی توڑ دے

لوگوں سے پھر

کہتا پھرے دیکھو

بُت گری سے ہے بہتر

بت شکن بننا

مگر کیا ——

اس سے یہ ثابت نہیں ہوتا

کہ وہ سارے بُتوں کے درمیاں

سب سے بڑا ہے بُت پرست

——

(اکتوبر ۲۰۰۴ء)

چھپتے چھپتے

تازہ غزل

دھوپ اوڑھے ہوئے اُس راہگذر میں کب تھے
یعنی اپنی طرح وہ لوگ سفر میں کب تھے

کپکپاتے ہوئے سائے تھے وہ چلتے پھرتے
خوف تو دل میں تھے، دیوار میں در میں کب تھے

کیوں یہ کہتے تھے کنارے کہ بھنور سے نکلو
خود سمندر تھا بھنور، لوگ بھنور میں کب تھے

یہ زباں جسم کی، گاتی رہی گُن اوروں کے
گھر میں رہتے تھے بدن، پھر بھی وہ گھر میں کب تھے

اقتدار اُن کے اثر میں تھا، چلو یوں ہی سہی
سوچنا یہ ہے کہ ہم اُن کے اثر میں کب تھے

وہ تو جھونکے تھے ہوا کے جو شجر ہلتا تھا
پتّے شاداب مگر سوکھے شجر میں کب تھے

ہم کو انجام تھا معلوم تو پھر کیا ڈرتے؟
ہم کو لڑنا ہی تھا، ہم خوف و خطر میں کب تھے

ہم نے دنیا ہی الگ اپنی بنا رکھی تھی!
ہم خلش جانچنے والوں کی نظر میں کب تھے

(دسمبر ۲۰۰۷ء)

رؤف خلش کی نثری کتاب

حکایت نقدِ جاں کی

(مضامین و تبصرے)

بین الا قوامی ایڈیشن درج ذیل معروف بک اسٹورس پر دستیاب ہیں

| Barnes & Noble | Ebay.com | Amazon.com |

رؤف خلش کو برتنا ہو تو ایک مرحوم تہذیب کے سرد ہوتے الاؤ میں شخصیت کے اجزائے ترکیبی کو کریدنا پڑے گا۔ رؤف خلش کو پڑھنا ہو تو بات مغرب سے شروع کرنی پڑے گی۔ وہ جدید ادب کے نمائندے ہیں۔ ان کے ہاں دینی مسلمات اور عقائد کو رفتہ رفتہ اساسی اہمیت حاصل ہوئی ہے۔ ان میں کچھ خوبیاں ایسی ہیں کہ وہ آہنگِ وقت سے ہم آہنگ ہو کر اپنی آواز کی الگ پہچان بنا سکتے ہیں۔ ان کی شاعری، وجدان اور مشاہدے کا نغمہ ہے۔ وہ کائناتی حقائق تک بھی پہنچنے کی صلاحیت رکھتے ہیں۔ سوال اس صلاحیت کے استعمال کا ہے اور یہی رؤف خلش کے بارے میں میری امید کا نقطۂ نور ہے۔

(طارق غازی) :

رؤف خلش کے شعری مجموعے

(نئے ایڈیشن عنقریب ساری دنیا میں دستیاب ہوں گے)